GUESTS

NAME: _____

_____

_____

_____

_____

NAME: _____

_____

_____

_____

_____

GUESTS

NAME: _____

_____

_____

_____

_____

NAME: _____

_____

_____

_____

_____

GUESTS

NAME: _____

_____

_____

_____

_____

NAME: _____

_____

_____

_____

_____

GUESTS

NAME: _____

_____

_____

_____

_____

NAME: _____

_____

_____

_____

_____

GUESTS

NAME: _____

_____

_____

_____

_____

NAME: _____

_____

_____

_____

_____

GUESTS

NAME: _____

_____

_____

_____

_____

NAME: _____

_____

_____

_____

_____

GUESTS

NAME: _____

_____
_____
_____
_____

NAME: _____

_____
_____
_____
_____

GUESTS

NAME: _____

_____

_____

_____

_____

NAME: _____

_____

_____

_____

_____

GUESTS

NAME: _____

_____

_____

_____

_____

NAME: _____

_____

_____

_____

_____

GUESTS

NAME: _____

_____

_____

_____

_____

NAME: _____

_____

_____

_____

_____

GUESTS

NAME: _____

_____

_____

_____

_____

NAME: _____

_____

_____

_____

_____

GUESTS

NAME: _____

_____

_____

_____

_____

NAME: _____

_____

_____

_____

_____

GUESTS

NAME: _____

_____

_____

_____

_____

NAME: _____

_____

_____

_____

_____

GUESTS

NAME: _____

_____
_____
_____
_____

NAME: _____

_____
_____
_____
_____

GUESTS

NAME: _____

_____

_____

_____

_____

NAME: _____

_____

_____

_____

_____

GUESTS

NAME: _____

_____

_____

_____

_____

NAME: _____

_____

_____

_____

_____

GUESTS

NAME: _____

_____

_____

_____

_____

NAME: _____

_____

_____

_____

_____

GUESTS

NAME: _____

_____

_____

_____

_____

NAME: _____

_____

_____

_____

_____

GUESTS

NAME: _____

_____

_____

_____

_____

NAME: _____

_____

_____

_____

_____

GUESTS

NAME: _____

_____

_____

_____

_____

NAME: _____

_____

_____

_____

_____

GUESTS

NAME: _____

_____

_____

_____

_____

NAME: _____

_____

_____

_____

_____

GUESTS

NAME: _____

_____

_____

_____

_____

NAME: _____

_____

_____

_____

_____

GUESTS

NAME: _____

_____

_____

_____

_____

NAME: _____

_____

_____

_____

_____

GUESTS

NAME: _____

_____

_____

_____

_____

NAME: _____

_____

_____

_____

_____

GUESTS

NAME: _____

_____

_____

_____

_____

NAME: _____

_____

_____

_____

_____

GUESTS

NAME: _____

_____

_____

_____

_____

NAME: _____

_____

_____

_____

_____

GUESTS

NAME: _____

_____

_____

_____

_____

NAME: _____

_____

_____

_____

_____

GUESTS

NAME: _____

_____

_____

_____

_____

NAME: _____

_____

_____

_____

_____

GUESTS

NAME: _____

_____

_____

_____

_____

NAME: _____

_____

_____

_____

_____

GUESTS

NAME: _____

_____

_____

_____

_____

NAME: _____

_____

_____

_____

_____

GUESTS

NAME: _____

_____

_____

_____

_____

NAME: _____

_____

_____

_____

_____

GUESTS

NAME: _____

_____

_____

_____

_____

NAME: _____

_____

_____

_____

_____

GUESTS

NAME: _____

_____

_____

_____

_____

NAME: _____

_____

_____

_____

_____

43

GUESTS

NAME: _____

_____

_____

_____

_____

NAME: _____

_____

_____

_____

_____

44

GUESTS

NAME: _____

_____

_____

_____

_____

NAME: _____

_____

_____

_____

_____

GUESTS

NAME: _____

_____

_____

_____

_____

NAME: _____

_____

_____

_____

_____

GUESTS

NAME: _____

_____

_____

_____

_____

NAME: _____

_____

_____

_____

_____

GUESTS

NAME: _____

_____

_____

_____

_____

NAME: _____

_____

_____

_____

_____

GUESTS

NAME: _____

_____

_____

_____

_____

NAME: _____

_____

_____

_____

_____

GUESTS

NAME: _____

_____

_____

_____

_____

NAME: _____

_____

_____

_____

_____

GUESTS

NAME: _____

_____

_____

_____

_____

NAME: _____

_____

_____

_____

_____

GUESTS

NAME: _____

_____

_____

_____

_____

NAME: _____

_____

_____

_____

_____

GUESTS

NAME: _____

_____

_____

_____

_____

NAME: _____

_____

_____

_____

_____

GUESTS

NAME: _____

_____

_____

_____

_____

NAME: _____

_____

_____

_____

_____

GUESTS

NAME: _____

_____

_____

_____

_____

NAME: _____

_____

_____

_____

_____

GUESTS

NAME: _____

_____
_____
_____
_____

NAME: _____

_____
_____
_____
_____

GUESTS

NAME: _____

_____

_____

_____

_____

NAME: _____

_____

_____

_____

_____

GUESTS

NAME: _____

_____
_____
_____
_____

NAME: _____

_____
_____
_____
_____

GUESTS

NAME: _____

_____

_____

_____

_____

NAME: _____

_____

_____

_____

_____

GUESTS

NAME: _____

_____

_____

_____

_____

NAME: _____

_____

_____

_____

_____

GUESTS

NAME: _____

_____

_____

_____

_____

NAME: _____

_____

_____

_____

_____

GUESTS

NAME: _____

_____

_____

_____

_____

NAME: _____

_____

_____

_____

_____

GUESTS

NAME: _____

_____

_____

_____

_____

NAME: _____

_____

_____

_____

_____

GUESTS

NAME: _____

_____

_____

_____

_____

NAME: _____

_____

_____

_____

_____

GUESTS

NAME: _____

_____
_____
_____
_____

NAME: _____

_____
_____
_____
_____

GUESTS

NAME: _____

_____

_____

_____

_____

NAME: _____

_____

_____

_____

_____

GUESTS

NAME: _____

_____

_____

_____

_____

NAME: _____

_____

_____

_____

_____

GUESTS

NAME: _____

_____

_____

_____

_____

NAME: _____

_____

_____

_____

_____

GUESTS

NAME: _____

_____

_____

_____

_____

NAME: _____

_____

_____

_____

_____

GUESTS

NAME: _____

_____

_____

_____

_____

NAME: _____

_____

_____

_____

_____

GUESTS

NAME: _____

_____

_____

_____

NAME: _____

_____

_____

_____

GUESTS

NAME: _____

_____

_____

_____

_____

NAME: _____

_____

_____

_____

_____

GUESTS

NAME: _____

_____

_____

_____

_____

NAME: _____

_____

_____

_____

_____

GUESTS

NAME: _____

_____

_____

_____

_____

NAME: _____

_____

_____

_____

_____

GUESTS

NAME: _____

_____

_____

_____

_____

NAME: _____

_____

_____

_____

_____

GUESTS

NAME: _____

_____

_____

_____

_____

NAME: _____

_____

_____

_____

_____

GUESTS

NAME: _____

_____

_____

_____

_____

NAME: _____

_____

_____

_____

_____

GUESTS

NAME: _____

_____

_____

_____

_____

NAME: _____

_____

_____

_____

_____

GUESTS

NAME: _____

_____

_____

_____

_____

NAME: _____

_____

_____

_____

_____

GUESTS

NAME: _____

_____

_____

_____

_____

NAME: _____

_____

_____

_____

_____

GUESTS

NAME: _____

_____

_____

_____

_____

NAME: _____

_____

_____

_____

_____

GUESTS

NAME: _____

_____

_____

_____

_____

NAME: _____

_____

_____

_____

_____

GUESTS

NAME: _____

_____

_____

_____

_____

NAME: _____

_____

_____

_____

_____

GUESTS

NAME: _____

_____

_____

_____

_____

NAME: _____

_____

_____

_____

_____

GUESTS

NAME: _____

_____

_____

_____

_____

NAME: _____

_____

_____

_____

_____

GUESTS

NAME: _____

_____

_____

_____

_____

NAME: _____

_____

_____

_____

_____

GUESTS

NAME: _____

_____

_____

_____

_____

NAME: _____

_____

_____

_____

_____

GUESTS

NAME: _____

_____

_____

_____

_____

NAME: _____

_____

_____

_____

_____

GUESTS

NAME: _____

_____

_____

_____

_____

NAME: _____

_____

_____

_____

_____

GUESTS

NAME: _____

_____

_____

_____

_____

NAME: _____

_____

_____

_____

_____

GUESTS

NAME: _____

_____

_____

_____

_____

NAME: _____

_____

_____

_____

_____

GUESTS

NAME: _____

_____

_____

_____

_____

NAME: _____

_____

_____

_____

_____

GUESTS

NAME: _____

_____

_____

_____

_____

NAME: _____

_____

_____

_____

_____

GUESTS

NAME: _____

_____

_____

_____

_____

NAME: _____

_____

_____

_____

_____

GUESTS

NAME: _____

_____

_____

_____

_____

NAME: _____

_____

_____

_____

_____

GUESTS

NAME: _____

_____

_____

_____

_____

NAME: _____

_____

_____

_____

_____

GUESTS

NAME: _____

_____

_____

_____

_____

NAME: _____

_____

_____

_____

_____

GUESTS

NAME: _____

_____

_____

_____

_____

NAME: _____

_____

_____

_____

_____

GUESTS

NAME: _____

_____

_____

_____

_____

NAME: _____

_____

_____

_____

_____

GUESTS

NAME: _____

_____

_____

_____

_____

NAME: _____

_____

_____

_____

_____

GUESTS

NAME: _____

_____

_____

_____

_____

NAME: _____

_____

_____

_____

_____

GUESTS

NAME: _____

_____

_____

_____

_____

NAME: _____

_____

_____

_____

_____

GUESTS

NAME: _____

_____

_____

_____

_____

NAME: _____

_____

_____

_____

_____

GUESTS

NAME: _____

_____

_____

_____

_____

NAME: _____

_____

_____

_____

_____

GUESTS

NAME: _____

_____

_____

_____

_____

NAME: _____

_____

_____

_____

_____

GUESTS

NAME: _____

_____

_____

_____

_____

NAME: _____

_____

_____

_____

_____

GUESTS

NAME: _____

_____

_____

_____

_____

NAME: _____

_____

_____

_____

_____

GUESTS

NAME: _____

_____

_____

_____

_____

NAME: _____

_____

_____

_____

_____

GUESTS

NAME: _____

_____

_____

_____

_____

NAME: _____

_____

_____

_____

_____

GUESTS

NAME: _____

_____

_____

_____

_____

NAME: _____

_____

_____

_____

_____

Made in the USA
Columbia, SC
20 October 2018